유치부 제자훈련 1 복음학교

하나 ● 유치부 제자훈련 1 복음학교의 주요 내용은 "창조주 하나님, 구원자 예수 그리스도, 우리를 돕는 성령님, 나의 정체성, 하나님과의 교제"입니다.

둘 ● 유치부 어린이들에게 효과적이고 실천적인 신앙 훈련으로 다가가기 위해 각 과마다 4단계로 진행됩니다.

1단계 씨앗 모으기 ● 성경 말씀을 기다려요
도입 단계로 시작 전 활동과 함께 그날 학습할 주제를 재미있는 성구 암송을 통하여 미리 체험하도록 합니다.

2단계 씨앗 뿌리기 ● 성경 말씀을 사랑해요
본문 연구의 단계로 그날 학습할 주제 말씀을 관찰, 발견하고 깨닫도록 합니다.

3단계 씨앗 가꾸기 ● 성경 말씀을 간직해요
활동 학습 단계로 주제와 관련된 활동(activity)을 전개하여 배운 말씀을 더 확고히 알아 갑니다.

4단계 씨앗 나누기 ● 성경 말씀을 실천해요
적용 단계로 주제 말씀을 삶 속에서 어떻게 실천할 것인지 함께 결단하고 나누도록 합니다.

셋 ● 유치부 제자훈련 1 복음학교는 총 5과로 진행됩니다.

제1과 하나님은 누구신가?
창조주 하나님을 알고, 하나님의 능력을 찬양하며, 창조 세계를 잘 가꾸는 사명자의 역할을 배운다.

제2과 예수님은 누구신가?
나의 죄를 위해 죽으신 예수님을 알고, 나의 구주로 고백하는 믿음을 배운다.

제3과 성령님은 누구신가?
우리를 도우시는 성령님을 알고, 성령의 열매를 맺기 위해 어떻게 해야 하는지 배운다.

제4과 나는 누구인가?
나는 하나님의 자녀임을 알고 감사하며, 하나님의 자녀로서 어떻게 살아야 하는지 배운다

제5과 하나님과 만나려면?
하나님과 매일 만나는 삶을 위해 말씀과 기도, 찬양을 어떻게 해야 하는지 배운다.

넷 ● 유치부 제자훈련은 교회교육과 가정교육을 연계하여 운영하며, 매일과제(성경읽기, 성구 암송, 기도)와 이번주 과제(생활과제)가 나갑니다.

복음학교 각 과는 4단계로 진행됩니다.

1  씨앗 모으기 ✱ 성경 말씀을 기다려요

2 씨앗 뿌리기 ✱ 성경 말씀을 사랑해요

3 씨앗 가꾸기 ✱ 성경 말씀을 간직해요

4 씨앗 나누기 ✱ 성경 말씀을 실천해요

차례

하나님은 누구신가?

씨앗 모으기

✶ 성경 말씀을 기다려요

성구 암송 창세기 1장 1절

태초에   하나님이   천지를   창조하시니라

태 초 에   하 나 님 이
천 지 를   창 조 하 시 니 라

씨앗 뿌리기

✱ 성경 말씀을 사랑해요

하나님은 세상을 만드신 분이세요. 하나님은 사람을 특별하게 만드시고, 우주를 다스리게 하셨어요.

창세기 1장 1절

 에 하나님이  를 창조하시니라.

시편 89장 11절

 이 주의 것이요  도 주의 것이라.

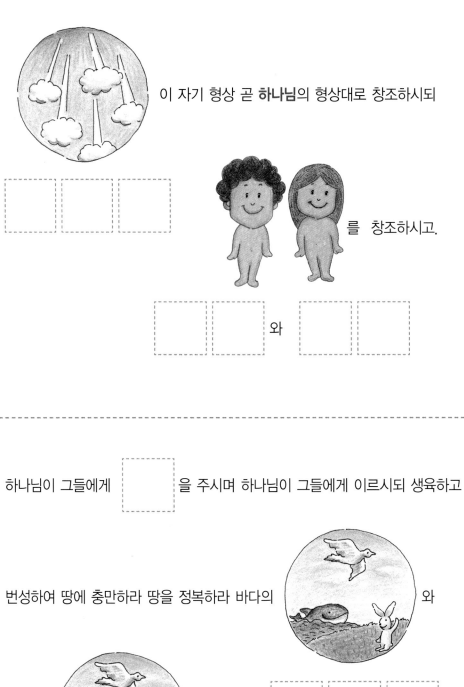

이 자기 형상 곧 **하나님**의 형상대로 창조하시되

```
┌─────┬─────┬─────┐
│     │     │     │
└─────┴─────┴─────┘
```
를 창조하시고.

```
┌─────┬─────┐        ┌─────┬─────┐
│     │     │   와   │     │     │
└─────┴─────┘        └─────┴─────┘
```

창세기 1장 28절

하나님이 그들에게 ☐ 을 주시며 하나님이 그들에게 이르시되 생육하고

번성하여 땅에 충만하라 땅을 정복하라 바다의  와

```
            ┌─────┬─────┬─────┐
            │     │     │     │
            └─────┴─────┴─────┘
```

하늘의 ☐ 와 땅에 움직이는 모든 생물을 땅에 움직이는 모든

```
┌─────┐
│     │
└─────┘
```

생물을
```
┌─────┬─────┬─────┬─────┐
│     │     │     │     │
└─────┴─────┴─────┴─────┘
```
하시니라.

씨앗 가꾸기

✽ 성경 말씀을 간직해요

사진을 보고 이야기 나누어요.

바다, 땅, 하늘을 아름답게 가꾸기 위해 해야 할 것을 표현해 보세요.

씨앗 나누기

※ 성경 말씀을 실천해요

| 가정에서 부모님과 함께 실천해 보세요.

결심 카드

나는 **하나님이 만드신** 세상의 지킴이다!

나는 하나님께서 만드신 세상을 소중히 여기고,
아름답게 가꾸는 예수님의 제자가 되겠습니다.

20   년   월   일

 제자 _____

이 · 번 · 주 · 과 · 제

 음식을 남기지 않아요.

 쓰레기를 버리지 않아요.

 물을 아껴서 사용해요.

부모님 확인란

선생님 확인란

예수님은 누구신가?

씨앗 모으기

❋ 성경 말씀을 기다려요

성구 암송 베드로 전서 2장 24절

친히 나무에 달려 그 몸으로
우리 죄를 담당하셨으니

이는 우리로 죄에
대하여 죽고

의에 대하여
살게 하려 하심이라

친	히		나	무	에		달	려
그		몸	으	로		우	리	죄	를
담	당	하	셨	으	니		이	는
우	리	로		죄	에		대	하	여
죽	고		의	에		대	하	여
살	게		하	려		하	심	이	라

씨앗 뿌리기

✱ 성경 말씀을 사랑해요

예수님은 우리의 죄를 위해 십자가에서 죽으셨어요. 예수님은 다시 살아 나셨어요. 예수님은 다시 오실 거예요.

창세기 1장 27절

이 **하나님**의 모습대로 지어졌어요.

로마서 3장 23절

모든 사람이  를 지었어요.

요한복음 14장 6절

때문에 **우리의 죄가** 없어졌어요.

에베소서 4장 15절

 과  로 **믿음이** 자라나요.

요한계시록 22장 5절

하나님과  에서 영원히 살아요.

씨앗 가꾸기

✱ 성경 말씀을 간직해요

 천국에 들어가는 길은?

영접 기도문

하나님 아버지!
내 마음에 있는 까만 죄를
용서해 주세요.
예수님은 나의 대장이시고
왕이십니다.
예수님을 내 마음에 모십니다.
내 마음에 오셔서 깨끗한 마음을
주시고,
예수님처럼 살게 해주세요.
예수님의 이름으로
기도드립니다.
아멘.

씨앗 나누기

✱ 성경 말씀을 실천해요

| 가정에서 부모님과 함께 실천해 보세요.

결심 카드

예수님은 나의 대장

나는 예수님만을 나의 대장으로 모시고,
예수님을 믿지 않는 가족, 이웃, 친구에게
복음을 용기 있게 전하는 예수님의 제자가 되겠습니다.

20   년   월   일

제자 _____

이 · 번 · 주 · 과 · 제

 복음 반지로 전도를 합니다.

 전도한 사람을 위해 기도합니다.

부모님 확인란

선생님 확인란

14

성령님은 누구신가?

씨앗 모으기

✱ 성경 말씀을 기다려요

성구 암송 갈라디아서 5장 22-23절

오직
성령의 열매는

사랑과 희락과 화평과 오래
참음과 자비와 양선과
충성과 온유와 절제니

이 같은 것을
금지할 법이 없느니라

오	직		성	령	의		열	매	는
사	랑	과		희	락	과		화	평	과
오	래		참	음	과		자	비	와
양	선	과		충	성	과		온	유	와
절	제	니		이		같	은		것	을
금	지	할		법	이		없	느	니	라

씨앗 뿌리기 ✳ 성경 말씀을 사랑해요

성령님은 우리 마음 속에 계시는 분이세요.
성령님은 우리가 죄를 짓지 않고, 언제나 하나님이 기뻐하시는 착한 일을 하도록 도와주세요.

요한복음 15장 26절

성령님은  을 깨닫게 해주세요.

				의		

사도행전 1장 8절

성령님은  할 수 있는 능력을 주세요.

로마서 8장 26절

성령님은 우리를 위해   해 주세요.

<table>
<tr><td>　</td><td>　</td></tr>
</table>

갈라디아
5장 22-23절

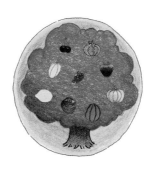

성령님은 우리가   를 맺게 해주세요.

<table>
<tr><td>　</td><td>　</td><td>　</td><td>　</td></tr>
</table>

씨앗 가꾸기

✱ 성경 말씀을 간직해요

성령의 열매 맺기(여러분이 스티커로 붙여보세요.)

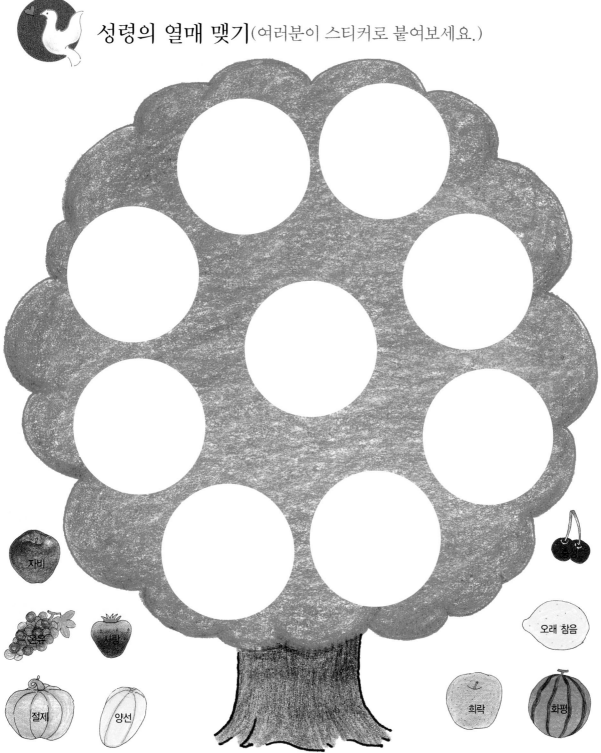

자비

온유 사랑

절제 양선

오래 참음

희락 화평

19

씨앗 나누기

✳ 성경 말씀을 실천해요

| 가정에서 부모님과 함께 실천해 보세요.

결심 -------- **카드**

나는 **성령의 열매**를 맺을 거예요.

나는 내 마음 속에 계시는 성령님을 의지하여,
사랑, 희락, 화평, 오래 참음, 자비, 양선, 충성, 온유, 절제의
열매를 맺는 예수님의 제자가 되겠습니다.

20 년 월 일

제자 _____

이 · 번 · 주 · 과 · 제

 감사하는 생활을 합니다.

 화를 내지 않아요.

 욕심을 부리지 않아요.

부모님 확인란

선생님 확인란

나는 누구인가?

씨앗 모으기

성구 암송 에베소서 6장 13절

하나님의

전신갑주를

입으라

하 나 님 의
전 신 갑 주 를
입 으 라

씨앗 뿌리기

 ✳ 성경 말씀을 사랑해요

나는 하나님의 자녀예요. 나는 마귀의 나쁜 속임수에 빠지지 않기 위해 예수님의 능력으로 강해져야 해요.

우리의 믿음이 강해지는 방법은 무엇인가요?
알맞은 그림에 선을 연결해 보세요.

허리에 **진리의 허리띠**를 띠어요. ○　　○

가슴에 **의의 갑옷**을 입어요. ○　　○

발에 평안의 **복음을 전할** 신을 신어요. ○　　○

손에 마귀의 불화살을 막아낼 **믿음의 방패**를
들어요. ○　　○

머리에 **구원의 투구**를 써요. ○　　○

손에 하나님의 말씀인 성령의 검을 잡아요. ○　　○

씨앗 가꾸기

※ 성경 말씀을 간직해요

 나는 하나님의 강한 군사

● 전신갑주 입는 순서

1

진리의 허리띠

진리

2

의의 흉배

의의 호심경

3

복음의 신

4

믿음의 방패

믿음의 방패

5

구원의 투구

구원의 투구

6

성령의 검

성령의 검

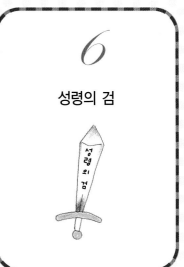

씨앗 나누기

✱ 성경 말씀을 실천해요

| 가정에서 부모님과 함께 실천해 보세요.

결심 카드

나는 **하나님의** 자녀에요

나는 하나님의 자녀로서, 마귀의 나쁜 유혹을
물리치기 위해 날마다 하나님의 전신갑주를 입는
예수님의 제자가 되겠습니다.

20   년 월 일

제자 _____

이 · 번 · 주 · 과 · 제

 미워하는 마음을 물리칩니다.

 편식을 하지 않아요.

 게임을 오래하지 않아요.

부모님 확인란

선생님 확인란

MEMO

5

하나님을 만나려면?

씨앗 모으기

✱ 성경 말씀을 기다려요

성구 암송 요한복음 15장 5절

  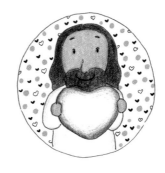 

나는 포도나무요   너희는 가지라   그가 내 안에 내가   사람이 열매를

그 안에 거하면   많이 맺나니

나	는		포	도	나	무	요
너	희	는		가	지	라	
그	가		내		안	에	
내	가		그		안	에		거	하	면
사	람	이		열	매	를	
많	이		맺	나	니		

씨앗 뿌리기

✳ 성경 말씀을 사랑해요

하나님의 자녀가 된 우리는 매일 하나님과 만나는 생활을 해야 해요.

사도행전 17장 11절

으로 **하나님**을 만나요. 베뢰아에 있는 사람들은 하나님의 말씀을 열심히 듣고 **바른 길**을 선택했어요.

☐ ☐ ☐ ☐

- -

데살로니가전서 5장 17절

로 **하나님**을 만나요. 기도는 **숨을 쉬는 것**과 같아요.

☐ ☐

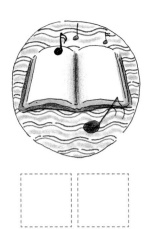

시편 108장 1절

으로 **하나님**을 만나요. 찬양은 나를 사랑하시는
하나님께 감사하고, 하나님의 이름을 자랑하는 거예요.
우리의 온몸과 악기로 찬양할 수 있어요.

씨앗 가꾸기 ✱ 성경 말씀을 간직해요

 경건 시계 만들기

1

✱ **목표**
기도하는 시간을 정해 하나님을 만나는 어린이가 된다.

✱ **준비물**
색 있는 종이컵, 찍찍이, 가위, 할핀, 펜

✱ **활동 방법**
1. 하나님과 매일 만나기로 하는 시간을 정한다.

2. 정한 시간을 시계 원 부분에 그린다.

3. 찍찍이와 보들이를 줄 끝 부분에 붙인다.

4. 손목 둘레 만큼 길이를 조절하여 시계줄을 만든다.

5. 하나님과 약속한 시간을 기억하고 지키기로 다짐한다.

2

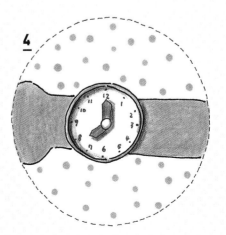

3

4

씨앗 나누기

✱ 성경 말씀을 실천해요

| 가정에서 부모님과 함께 실천해 보세요.

결심 카드

나는 매일 **하나님과** 만날 거예요.

나는 하나님과 약속한 시간에 성경 말씀을 읽고 기도하며, 매일 기쁘게 하나님을 찬양하는 예수님의 제자가 되겠습니다.

20   년   월   일

제자 _____

이 · 번 · 주 · 과 · 제

 성경 말씀을 약속한 시간에 읽어요.

 하루에 두 번씩 기도해요.

 매일 찬송을 불러요.

부모님 확인란

선생님 확인란